Worte

wörtlich - sprichwörtlich

© 2011 Franz Preitler

1. Auflage

Herausgeber und Autor: Franz Preitler, A-8010 Graz

Verlag: tredition GmbH
ISBN: 978-3-8424-2277-3

Printed in Germany

Bibliografische Information der Deutschen Nationalbibliothek:
Die Deutsche Nationalbibliothek verzeichnet diese Publikation in der Deutschen Nationalbibliografie; detaillierte bibliografische Daten sind im Internet über http://dnb.d-nb.de abrufbar.

Inhaltsverzeichnis

Deine Worte strahlen

In deinen Augen
leuchten deine Worte.

Sie treffen mein Gesicht,
um mir zu zeigen,
wie sehr du mich liebst.

Du sprichst von
Wärme, von Licht.

Sie treffen mein Gemüt,
um mir zu zeigen,
wie nah du mir stehst.

Du sprichst von
Wiesen, von Feldern.

Sie treffen meinen Verstand,
um mir zu zeigen,
wie weit deine Liebe reicht.

Du sprichst von
Freiheit, von Wind.

Sie treffen mein Herz,
um mir zu zeigen,
wie du mich trägst.

Du sprichst vom
Leben, vom Tod.

Sie treffen meine Seele,
um mir zu zeigen,
wie sehr du mich bewegst.

Ein Wortspiel - Traumweltwortbild

Du gibst mir Halt in deinem Traumweltwortbild
In deinem Traumweltwortbild gibst du mir Halt
Halt gibst du mir in deinem Traumweltwortbild
Mir gibst du Traumweltwortbild in deinem Halt
Gibst du Traumweltwortbild in deinem Halt mir

Du gibst mir Halt in deinem Welttraumbildwort
In deinem Welttraumbildwort gibst Halt mir du
Halt du gibst mir Welttraumwortbild in deinem
Mir Welttraumwortbild gibst in deinem Halt du
Gibst du Halt mir Welttraumwortbild in deinem

Du gibst mir Halt in deinem Bildwortwelttraum
In deinem Bildwortwelttraum gibst du mir Halt
Halt du mir in deinem Bildwortwelttraum gibst
Mir in deinem Bildwortwelttraum du gibst Halt
Gibst du mir Halt in deinem Bildwortwelttraum

Du gibst mir Halt in deinem Wortbildwelttraum
In deinem Wortbildwelttraum Halt gibst du mir
Halt du gibst mir Wortbildwelttraum in deinem
Wortbildwelttraum in deinem gibst mir du Halt
Gibst du in deinem Wortbildwelttraum Halt mir

Worte, die mich beschreiben

Ich spreche
von Himmel und Erde,
Sonnenschein und Regen.
Meine Zeit vergeht zu schnell.

Ich bin himmelhochjauchzend
zu Tode betrübt, froh
lachend und still.
Wo ist meine Zeit geblieben?

Ich halte inne,
flüstere leise in Liebe zu dir,
deine Augen leuchten,
schenk mir ein wenig Zeit.

Ich bin klein
und auch groß, ein Wort
ebenso ein Buch,
kein Punkt ist gesetzt.

Ich kann ratlos sein,
irre im endlosen Gestrüpp.
doch deine Hände halten
meinen Himmel hoch.

Ich bin leise
und dann wieder laut,
hab ein denkendes Herz
weder Rast noch Ruh.

Ich bin glücklich,
mitten im Herzen der Welt,
reiße Bäume aus, pflanze Blumen,
in der Unendlichkeit und staune.

Ich erzähle von Liebe,
Freude und Leid
versuche die Zeit aufzuhalten,
denn noch bin ich da.

wortvoll

Es ist alles richtig, wenn man nur das einzig Richtige nimmt. Das einzig Richtige im Leben macht. Das richtige Waschpulver, die richtige Zahnpasta. Abends früh zu Bett geht, um ausgeschlafen zu sein und was weiß ich noch alles. Aber egal.

Ich denke es sind die Notwendigkeiten des Alltäglichen, die uns manchmal den Blick auf die Möglichkeiten verstellen. Also Mut zum Außergewöhnlichen und Mut zum Wertvollen. Aber was ist zum Beispiel das Wertvolle?

Für mich ist das Wertvolle das, was mir ganz besonders am Herzen liegt. Es geht mir um das Tun, nicht um das Siegen. Etwas machen, probieren und dabei nicht überfordert sein. Dem Leben auf der Spur bleiben, etwas machen, denn nur durch Reden pflanzt man keinen Baum! Ich möchte mich an den besonderen Momenten verlieren, an Momente, an die ich mich gerne zurück erinnere. Momente, die längst verflogen sind.

Mir wird klar, dass ich sie nicht mehr in meinen Gedanken und meinen Gefühlen erleben darf. Was wird nun sein? Die Tage werden vergehen, ohne auch nur Notiz von dem zu nehmen, was mir einst wichtig schien. Wohin verlaufen die Wege? Meine verlaufen nun im Nichts!

Ich habe mich an Dingen festgehalten, die mir zur Gewohnheit wurden. Im Glauben daran, ich würde sie nie irgendwann im Nichts verlieren. Was nun eingetroffen ist. Ich habe eifrig Weichen für die Zukunft gestellt und Sicherheiten in Auftrag gegeben. Doch nicht an die Gegenwart gedacht. Nun spüre ich meine Hilflosigkeit, da es viel zu früh hart auf hart gekommen ist. Warum ist es vorbei? Nicht hier, nicht dort. Aus und vorbei. Liegt irgendwo zwischen hier und dort das Geheimnis zu einem neuen Anfang? Vielleicht liegt es ja hinter dem Horizont. Einfach nur dahinter, fern ab der schönsten Momente von gestern. Wo ist morgen? Hätte weniger mehr sein können? Welche Gründe hat es, das wir in einer Gesellschaft leben, die im Begriff ist, ihre natürlichen Lebensräume zu zerstören? Wird es besser, wird es schlechter, wird es für die Menschheit einmal gerechter? Ich kann zum Rätsel einer denkbaren Zukunft wohl nur sehr wenig sagen, weil es gerade deshalb ein Rätsel ist und immer bleiben wird. Also ergreife ich heute jede Chance die sich mir bietet. Später vielleicht. Später, in weiter Ferne, in einer Zukunft in der ich begreife, dass ich es nicht getan habe, würde ich dann zurückblicken und es bereuen.

Ich werde meine Worte zum Lesen übergeben. Verleihe ihnen Flügel, damit sie durch die Lüfte schweben. Sonst werde ich es womöglich bereuen, nicht getan zu haben. Und schon wäre es zu spät. Irgendwo zwischen hier und dort liegt dieses Geheimnis. Vielleicht liegt es ja hinter dem Horizont von heute und die Menschen trampeln mit ihren Füssen darauf herum. Wie auf einer Asphaltspur einer regennassen Straße in der Nacht.

Dem Leben auf der Spur sein, einfach nichts tun und sich dabei frei fühlen, ungezwungen sein. Sich ins Unendliche der Worte fallen lassen. Ich habe das Unendliche lange nicht gekannt, war eingegrenzt durch Blockaden und Hindernisse.

Nein, ich habe das Unendliche erst sehr spät kennen gelernt, denke ich. Noch ist es Herbst, auch wenn es abends sehr früh finster wird. Der Himmel wirkt bereits winterlich und die Gesichter der Menschen, die an mir vorübergehen wirken ebenso winterlich. Warum schauen die Menschen so winterlich? Fühlen sie sich auch so kalt und irgendwie erfroren? Finden Sie keine Worte, dass sie so finster dreinschauen müssen?

Vielleicht sehnen sie sich nach Menschen, nach einer Familie oder nur nach einer Stadt, die sie auffängt. Schade allerdings, dass sie sich überhaupt nach etwas sehnen, das ihnen solch einen Gesichtsausdruck verleiht.

Ich sehne mich nach dort, anderswo bin ich nur auf Einsamkeit und Konflikte gestoßen. Anderswo, wo ich nicht hingehöre. Wenn ich von meinen zerplatzten Träumen erzählen könnte, von dem neuen

Leben, würde sich jemand darüber Gedanken machen? Es werden Bilder sein und kein einziger Ton. Ich werde schreiben und in den Zeilen wird ein Hauch meiner Seele zurückbleiben. Vielleicht zurück für die Zeit, wenn jemand diese Worte irgendwo liest und eines Tages werden sie mir zurückkehren.

Schade allerdings, sollte ich mich täuschen, denn ich bin nicht hart im Nehmen. Seltsam, dass mich diese wortvollen Gedanken dazu bringen, über mich und die Welt nachzudenken.

Es beginnt mit einem Wort

Deinen Mund
umarmt ein einziges Wort,
Neugier.

Plötzlich von
heute auf morgen,
alles ist anders.

Ist es das Alter?
Nein, es ist die Zeit,
die verändert.

Von Augenblick
zu Augenblick, ein Moment
nach dem anderen.

Begrabe
nicht die Worte,
sei offen für Neues.

Lebe dein Leben
und finde die Welt,
verfolge dein Ziel.

Finde dich stets wieder,
in nur einem Wort.
„Neubeginn"

Dein Blick, dein Wort

Dein Blick, dein Wort, deine Geste
und dann?

Weißt du wie sehr mich das
glücklich machen kann.

Mit einem Wort, einem Blick
bringst du mich zum Lachen.

Bist du traurig, hast du Sorgen,
kann ich dir dieses Lachen borgen.

Dein klares Wort im klaren Blick
und dann?

Komm lieber Freund
und schau mich noch mal an.

Dein Blick, dein Wort, deine Geste
sagen, wie ich es verstehen kann.

Wortlos, stumm

Am Ende des Tages vergesse ich die Stunden. Ich vergesse sie und werde stumm. Wenn ich die Stunden zähle, werde ich einfach stumm. Ich laufe Gefahr, das Reden zu vergessen und denke zu viel nach. Ich finde keine Worte und suche sie auch nicht. Genau genommen, denke ich bloß. Ich denke mir das Glück herbei. Ich schweige. Ich stelle mir vor, wie es sein könnte und wie es doch nicht sein wird. Mehr fällt mir dazu nicht ein.

Eisen schmieden, Hammer auflegen, ein Schürfeuer ist gelegt – die Stunden sind wie Eisen, stets hart. Jedoch in einer Welt, in der sich alles immer schneller dreht, ist es nicht einfach stets die richtigen Worte zu finden. Oft reicht ein Wimpernschlag und alles ändert sich. Von einem Moment zum anderen. Ich frage mich warum?

Was macht das Leben aus? Die Bewegung? Die Veränderung? Vielleicht die Stille? Verwirrende Sätze mögen sich ändern, doch Wörter und ihre Bedeutung nie. Wo sind sie? Um keinen Preis der Welt kann ich sie finden. Ich denke zu viel nach und verstumme. Menschsein heißt, nicht nahbar sein.

Auch mal Angst vor Nähe zu haben. Angst, ein falsches Wort zu verlieren, trotzdem reden. Verliebt sein heißt, liebend zu sein. Glücklich sein aber heißt womöglich nicht immer liebend, aber nahbar zu sein. Und falls diese Worte einer versteht, so lebt er.

Diese Augenblicke zu erkennen und entschlossen zuzugreifen, auch mal wortlos sein ohne darüber zu reden, das ist es. Einfach zufrieden leben und dabei Schweigen können. Die Welt auf sich wirken lassen.

Ob ich glücklich bin?

Ja meistens!

Wann? Wenn ich es mir selbst gestatte!

Aus allen Worten gefallen

Einst fiel ich
aus allen Worten
kam auf dem Boden zu liegen
ich öffnete die Augen
und eine Anzahl von
Schaulustigen eilte herbei
zu sehen
nicht um zu fragen
auch nicht zu helfen
die Menschen
knieten vor mir
sprachen kein Wort
falteten die Hände
bewegten die Lippen
zu einem stillen Gebet
ich staunte nicht schlecht
sie glaubten an ein Wunder
ihre Augen
sie flehten mich an
ihre Sünden zu vergeben
sie vom Leid zu erlösen
voller Hoffnung
doch ich
ich war nicht Derjenige
ich blieb stumm
sie lauschten
als sie verstanden
schlossen sich ihre Lippen
Gesichter verzerrten enttäuscht
langsam lösten sich die Hände
sie berührten den Boden
griffen hastig nach
herumliegenden Steinen
und töteten mich
ohne Worte

Worte beflügeln

Die Dame am Eingang dort
hat auch kein Glück
ich steige in den Hochhauslift
und lehne mich zurück
ich fahr bis in den elften Stock
das Hochhaus hat bloß zehn
und stell mich wortlos hin
ich will die Welt von oben sehn

ich fliege bis zur nächsten Insel
und weiter bis zum Strand
und dann das Stück zum Felsen hin
setz mich auf den Rand

die Dame weiß, dass ich nicht fliegen kann
und legt die Stirn in Falten
ihre Gebete im stummen Takt
sind immer noch die Alten
sie kneift die Augen zu
greift nicht zum Telefon
der Wind fegt über mich
und trägt mich bald davon

ich sitz am Felsen dort,
die Gedanken sind bei dir
mein Blick schweift in die Ferne
wärst du bloß hier bei mir

wie weit ist es zur Ewigkeit
die Dame wartet viel zu lang
vom Hochhaus werf' ich eine Rose
ich rufe laut nach dir, und wie
mein Lachen ist ein Bumerang
ihr fehlt das Glück und mir die Zeit
doch sagen werd ich dir das nie

der Strand ist meine Ewigkeit
lässt mich in Gedanken sein
so träume ich in Leichtigkeit
im Herzen bleib ich stets dein

die Dame am Eingang dort
ist schon lange nicht mehr da
hat die Reise in das Glück gebucht
das Warten hat sich nicht gelohnt
so zieh ich zeitlos meine Runden
sie ist am Strand auf meiner Insel
hat meine Träume längst gefunden

nun sitzt sie am Felsen dort,
die Gedanken sind bei mir
ihr Blick schweift in die Ferne
wäre ich doch bloß bei ihr

Die Dame vom Eingang dort
hat nun das Glück
sie steigt in den Hochhauslift
und lehnt sich zurück
sie fährt bis in den elften Stock
das Hochhaus hat bloß zehn
und stellt sich wortlos hin
sie will die Welt von oben sehn

wäre ich doch bloß noch hier

Wenn das Wort nicht ist

Wenn das Wort „Bach" nicht ist, kann das Meer nicht sein.
Steht im Herbst das Mühlrad still, ist kein Brot daheim.

Gibt es das Wort „Winter" nicht, kann kein Frühling erwachen.
Bleibt der Sommer aus, wird man keine Ernte machen.

So das Wort „Alt" nicht geehrt, auch das Junge hat keinen Wert.
Wo kein Anfang, dort keine Ende und umgekehrt.

Ohne das Wort „Sekunden", zählen keine Stunden auf der Uhr.
Man sagt, die Schönsten schlagen den Glücklichen nur.

Fehlt das Wort „Liebe" im Hier und Jetzt gesprochen,
wird niemals das Schweigen gebrochen.

Verschwindet das Wort „Sprache" wird sich niemand verstehen.
Menschen werden stumm an uns vorrübergehen.

Wenn das Wort nicht ist, oft unverstanden und rätselhaft,
gibt es nichts was diesen Zeilen ein Ende verschafft.

Man sagt sich Worte

Die ersten Lebewesen waren die Geschöpfe des Wassers und wir Menschen schwimmen ebenfalls im Fruchtwasser bis wir das Licht der Erde erblicken. Dann kommt das Feuer, es wärmt und schützt, erhält uns am Leben. Es bringt unser Blut oft vor Leidenschaft oder auch vor Zorn in Wallung. Wir brennen innerlich. Feuer hat uns Menschen immer schon fasziniert, weil es brennt, verzehrt und Licht spendet. Das Element Wasser hingegen reinigt und fließt immerfort, ist ein Lebensraum. Es nimmt ebenfalls so wie das Feuer, es nimmt was uns beschwert. Doch was beschwert uns wirklich? Was bewegt uns noch?

Wasser gib mir Worte und ich werde versuchen dich zu verstehen! Am Anfang war das Wasser – so die Schöpfungsgeschichte, aber was ist heute aus dem Element Wasser geworden? Ich lese und höre jeden Tag die Schlagzeilen aus Libyen: „ Das Land brennt" oder „es fehlt der Bevölkerung an Wasser". Das Problem liegt wahrscheinlich nicht am Mangel des Wassers, sondern an der Qualität des vorhandenen Wassers. Während wir mit unserem Wohlstand den täglichen Wasserverbrauch ständig steigen lassen, ohne darüber nachzudenken, wird das Trinkwasser in Libyen knapp.

Wasser gib mir Worte, um dich besser zu verstehen. Ohne Wasser gibt es kein Leben, aber was ist es für ein Leben derzeit in Libyen, wo in den letzten sechs Monaten 50.000 Menschen ums Leben gekommen sind? Wie viele Menschen sind zuvor durch das Regime ums Leben gekommen, als das Wasser noch rein war? War es das innere Feuer und die Gier nach Macht über Leben und Tod eines Einzelnen? Hat dieser ein ganzes Land eingeschlossen wie es ein Feuer tut, wenn es außer Kontrolle gerät? Warum wurde dieses Feuer auf keine andere Weise unter Kontrolle gebracht? Ist der Krieg immer die einzige Lösung? Nun ist das Wasser verseucht und das ganze Land steht in Flammen. Das Leiden der Bevölkerung soll schnellstens ein Ende haben – am Anfang war das Wasser, dieses wurde ihnen jetzt genommen und durch Feuer ersetzt.

Ein großflächiger Brand ist entstanden und nun soll er ohne Wasser gelöscht werden? Wie soll ich das verstehen? Wasser fließt und ist Bewegung, doch für Libyen soll nicht Wasser, sondern das Geld fließen, um zu helfen. Geld, das durch Öl gewonnen wurde. Mit Öl kann man kein Feuer löschen und Öl kann man nicht trinken. Doch Öl bringt viel mehr. Es bedeutet Geld, welches aus gewissen Gründen eingefroren wurde. Das Land ist arm und doch sehr reich. Wie soll man das verstehen? Wurde Öl zu Eis und benötigt es das Element Feuer, um es aufzutauen? Feuer, das Element der Hitze? Aus Frieden wurde Krieg und im Krieg wird auf Menschen geschossen. In Libyen ist ein Feuer entfacht, es wird auf Menschen gefeuert. Ein Feuer zwischen Rebellen und Anhängern des Revolutionsführers, mitten unter den Zivilisten. Ihnen allen ist der Frieden versagt, jedoch nicht das Feuer. Ist dies der Grund, warum die Menschen im viertgrößten Land Afrikas noch am Leben sind? Ist das Feuer stärker als der Hunger und die Not?

Ist das Feuer notwendig, weil es brennt? Weil eine Revolution immer brennen muss? Weil es verzehrt und auslöscht und einen Neubeginn verspricht? Im Regelfall verdunstet Wasser durch die Hitze und wird der Atmosphäre zurückgeführt. Viel später kommt es als Niederschlag zurück und schafft neues Leben. Dies abzuwarten bedarf Vernunft und Zeit, die anscheinend keiner mehr hat. Feuer gib mir Worte, wie soll ich dich sonst verstehen. In Libyen brennt es. Es brennt in den Köpfen der Menschen. Sie suchen im Feuer nun die Freiheit. Das Element Wasser ist außerstande den Schmutz zu reinigen, es reicht kaum mehr zum Überleben und viele Menschen müssen ihr Leben lassen. Wie kann Wasser in diesem Fall „Lebensraum" sein? Libyen ist voll mit Schmutz und Elend. Das Land versinkt in Blut und Menschenasche. Kein Wasser vermag in Libyen zu reinigen. Schon gar nicht wenn es in diesem Wüstenland von Menschen des Feuers abgedreht wird. Der Ölhahn wird stets offen bleiben und das schwarze Gold rinnt immer weiter, doch es hat keine reinigende Wirkung. Einmal entfacht, brennt es über ein ganzes Land und weit in die Welt hinaus.

Feuer gib mir Worte, die das Element Wasser nicht beantworten kann. Ist es so? Am Anfang war das Wasser, dann kamen Gier und

Hass und daraus entstand Feuer. Dies hat den Frieden und das Wasser vertrieben. Die Menschen hoffen wieder auf Frieden und ein baldiges Ende der Krise aufgrund einer Übergangslösung im Feuer. Wird man das je verstehen? Angesichts der großen Explosion haben sich Unzählige eingemischt, sind berührt und fühlen sich zuständig. Etliche davon versuchen humanitär zu helfen und unterstützen die Rebellen in der Hitze. Gewisse versuchen das Feuer an sich zur reißen, um damit Geld zu verdienen. Für andere ist das Elend Wasser auf ihren Mühlen, sie berichten, verfälschen und attackieren mit scharfen Worten. Informationen fließen in den Medien und bewegen den Rest der Welt. Wasser gib mir Worte, warum bewegt es uns? Weil wir uns schuldig fühlen und im Wohlstand leben? Weil wir genügend Wasser haben und uns am Feuer erwärmen? Feuer gib du mir Worte, erhitzen uns die Meldungen aus diesem Land? Kann das Feuer den Frieden bringen, es hat letztendlich den Krieg entfacht? Ist es Wasser auf den Mühlen, derer die mit dem Krieg Geld verdienen? Wie teuer ist ein Krieg? Sollte es nicht heißen: „Am Anfang ist das Geld und es fließt, es bewegt! Es schafft Lebensraum!" Sollte es nicht heißen: „Versagt ist das Leben, dem Geld versagt ist!" Libyen brennt! Das Wasser ist knapp und der Lebensraum wird durch die Eskalation der Gewalt zerstört. Doch nicht nur Libyen brennt, auch andere Länder stehen in Flammen der Revolution. Menschen verhungern oder sterben durch Gewalt. Feuer gib mir Worte, warum breitet sich Gewalt so schnell aus? Wodurch finden Aufständische ihren Verstand wieder, wer kann ihn reinigen. Das Wasser? Reicht unser Wasser aus, um die Brände zu löschen? Ist es nicht selbst bereits zu verseucht?

Viele Menschen profitieren von Bränden und hüten sich Wasser in das Feuer zu schütten. Im Gegenteil sie schüren es noch und der Energiebedarf steigt weltweit an. Auf der einen Seite steigen die Kosten, auf der anderen Seite der Gewinn.

Der Wasserhahn wird ab- und der Geldhahn aufgedreht. Ein erbitterter Kampf um das Öl geht dem Kampf um das Wasser voran. Ein Menschenleben hat keinen Wert im Kampf um dieses Feuer. Der Krieg um das schwarze Gold brennt weltweit und verunreinigt das Wasser, er verschmutzt unseren Lebensraum. Feuer gib mir Worte, wann wird man je verstehen mit dir umzugehen? Wasser gib mir Worte, warum sind Macht- und Wirtschaftsinteressen wichtiger als Menschenrechte? Hast du im Kampf deine heilende Wirkung verloren?

Wasser ist lebensnotwendig. Man sagt sich, dass ein Mensch wesentlich länger ohne feste Nahrung auskommen kann, als ohne Wasser. Unser Körper besteht zu 50 bis 80 Prozent aus Wasser und das Gehirn zählt zu den wasserreichsten Organen eines Menschen. Was denken Menschen, die im Feuer nach Geld und Macht stehen? Worüber denken Menschen nach, die Kriege führen? Können sie nachts noch schlafen, oder blicken sie ständig in das Licht des Feuers?

Die Trinkwasserknappheit auf der Erde wird bald ein ganz großes Problem darstellen. Noch sind viele Menschen von der Wärme des Feuers abgelenkt und grübeln über die Erderwärmung, die sie selbst verursachen. Noch sind viele Menschen im Banne des Feuers und kämpfen. Sie haben vergessen, dass Feuer wärmt und schützt.

Nicht nur Libyen brennt!

Die Eigenschaften des Feuers der Menschen sind unter anderem Temperament, Übermut und Kampfbereitschaft. Das Wasser im Menschen hingegen bedeutet Verantwortungsgefühl, Einfühlvermögen und innere Orientierung.

Wasser gib mir Worte, warum hat die Menschheit noch immer nicht verstanden, sich richtig zu orientieren?

Worte, die dein Herz dir sagt

Mache in deinem Leben das,
was du glaubst, tun zu müssen
Verbringe dein Leben nicht damit,
dass du etwas anderes machst,
als das, was du eigentlich wolltest.

Es kann ein großes Unglück sein,
sein eigenes Leben ständig
nur damit zu verbringen,
etwas anderes zu machen,
als man sich vorgenommen hat.

Es ist das größte Glück,
nach dem zu leben
was man für richtig hält,
nicht nach der Meinung anderer,
die nur an sich selbst denken.

Lebe stets nach den Worten,
die dein Herz dir sagt.
Höre deine innere Stimme
und lasse deinem Gespür
freien Lauf, sich zu entwickeln.

Hör meinen Worten zu

Er sagte laut zu mir: Hör mich! Hör mir doch endlich zu!

Ich sagte leise: Ich höre dich nicht, ich kann nur mich hören, denn alles andere ist außen. Und die Dinge außerhalb sind manipuliert durch meine innersten Gedanken und Erinnerungen. Durch meine Blockaden!

Wie kann ich sicher sein, wirklich dich zu hören? Ich laufe dabei Gefahr, deinen Ton und den Ton der anderen zu vermischen.

Er erwiderte: Du wirst mich erkennen, wenn du mich hörst. Mein Rauschen wird dir helfen, mich zu sehen, denn ich bin dein Ozean. Dein Fels in der Brandung. Dein Meeresrauschen.

Ich sagte: Aber ich will dich nicht sehen. Mein Blick ist wie mein Ohr – gekauft. Stumpf geworden durch Informationen und wirrem Zeug. Ich müsste mich leeren, müsste alles löschen was gewaltsam in mich eingeflößt wurde.

Ich sagte weiter: Zeig mir dein wahres Gesicht, zeig mir wer du wirklich bist.

Er lachte darauf bitter.

Er sagte laut: Jetzt hör mich doch!

Ich sagte ihm: Ich kann es versuchen, aber meine Ohren werden noch tauber sein – und mein Rauschen wird lauter. So wird es immer schwerer, reine Klänge zu hören. Deine Stimme zu hören.

Er forderte mich auf: Versuch es, versuch es doch bitte.

Ich fragte leise: Was muss ich tun?

Er berührte meine Wangen: Glaub nur an meine Existenz. Gib mir ein Licht und wirf meinen Schatten.

Ich sagte: Ich kann deinen Geruch nicht fühlen. Meine Haut atmet nur flach. Seit Beginn dieser Kurzatmigkeit verwirren mich Tiefen und Höhen.

Er lachte wieder bitter.

Ich sagte leise: Ich sitze am Ufer eines Flusses und warte.

Worauf wartest du? Schrie er mich an.

Ich sagte: Es wird ein Baumstamm vorübertreiben und ich werde aufspringen.

Er sagte: Dann stürz dich doch in den Fluss und stirb.

Ich weinte: Niemals, und schon gar nicht so.

Ich fragte: Hörst du mich? Kannst du mich sehen? Bin ich dein Atlas? Bewegen wir uns im Strom des Lebens?

Er sagte lange nichts. Ich schwieg, denn mir stand schon das Wasser bis zum Hals.

Dann plötzlich seine Stimme: Glaubst du an mich?

Ich antwortete: Und wenn nicht, lässt du mich dann sterben?

Er lachte wieder und sagte schließlich: Das kann ich gar nicht. Ich bin nicht du und du bist nicht ich.

Ich schrie: Dann ignorier mich doch!

Es wurde still, merkwürdig still. Eine zeitlang fiel kein einziges Wort. Kein Rauschen – es war totenstill.

Dann frage er leise: Bist du noch da?

Ich sagte nichts. Dann brach er noch einmal das Schweigen: Bitte hör mich doch!

Ich sagte: Wenn dein Ton aus meinem Inneren käme, dann könnte ich dich hören. So macht es keinen Sinn, Wahrheiten außerhalb zu suchen. Sie schäumen zu sehr auf und schlagen ungeahnte Wellen.

Er sagte: Genau das verlangst du aber von mir – mich selbst zu verlassen. Wie weiß ich denn dann, ob ich es noch bin?

Ich antwortete: Wenn du dich verlässt, bist du nicht derselbe wenn du zurückkehrst. Und ich habe wieder einen anderen erkannt, als ich dann sehen werde. Was nützt mir also, dich hören zu können, wenn du dich doch wie ein Zeitreisender verhältst?

Er weinte und tat mir leid.

Ich flehte: Lass es uns versuchen. Ich will dich hören.

Er sagte: Endlich. Stimm dich ein. Vielleicht können wir uns über den Strom des Lebens erheben.

Ich sagte: Ja, um sogleich wieder in ihn einzutauchen und lachte.

Er sagte: Sieh der Baumstamm, komm spring auf.

Es wurde wieder still.

Ich flehte ihn an: Hör auf! So geht das nicht. – Da hörte ich einen sanften Klang über meine Poren ziehen.

Ich fragte: Bist du das? Ich kann dich sehen. Jetzt können wir zusammen spielen. Mit einem Atemhauch können wir gemeinsam Geschichte schreiben, mit einem Wimpernschlag ein Leben verzaubern.

Er sagte: Nein, das bin nicht ich. Es tut mir leid, du hörst einen anderen.

Er fügte hinzu: Zu glauben, wir hätten alles in der Hand ist ein Irrtum. Du hörst einen anderen!

Ich sagte: Aber wie ist das möglich? Hier ist sonst niemand außer uns beiden.

Er weinte. Ich versuchte ihn zu beruhigen: Lass es uns noch mal versuchen. Ich glaube an dich. Da wuchsen seine Ohren, als ich ihn im Spiegel betrachtete. Er wurde immer lauter und ich fing an, seinen Schatten zu werfen.

Ich sagte: Ich habe dir Licht gegeben. Lass mich deinen Geruch fühlen.

Er lachte bitter: Du musst endlich vergessen.

Ich weinte leise und war enttäuscht. Jetzt fiel ich in die Fluten des Flusses.

Leise bat ich: Komm halt mich, komm lass es sein wie es ist.

Vergiss es doch, waren seine letzten Worte.

Ich bin nicht gestrandet. Ich bin ausgewandert, aus meinem Ich. Fühlte mich haltlos. Fand keine Worte.

Wieder einmal, denn vorher waren es andere Ursachen.

Dann lasse ich mich einfach selbst zurück, dachte ich, packte den kleinen schwarzen Koffer und stahl mich unversehens aus meinem Dasein. Wozu noch hierbleiben?

Er lachte!

In kurzen Worten

auf die erde kommen
nach luft ringen benommen
laut lachen darauf weinen
sich später treffen vereinen
auf neues strikt einlassen
innig lieben grundlos hassen
phantasien austauschen
stillgestellt lauschen
keuchen schrill brüllen
offen sein sich verhüllen
einander haare ausreißen
des anderen nägel beißen
körper an körper reiben
auf dem boden liegen bleiben
in extase lustvoll stöhnen
dem höhepunkt fröhnen
das eigene leid beklagen
den kummer verjagen
wissensdurstig lernen studieren
mehrere jobs ausprobieren
sich in das flugzeug setzen
von hier nach dort hetzen
arbeitswütig geltung suchen
nach unten tretend fluchen
den urlaub am meer genießen
mit alkohol das leben versüßen
im internet suchen finden
gefundenes fangen binden
ohne hintergrund ketzen
verbal mitmenschen verletzen
bei not gerne hilfsbereit
spenden zur weihnachtszeit
hunger und elend erkennen
als strenger vegetarier bekennen
heuchelnd um hilfe flehen

undankbar die augen verdrehen
jedem trend nachjagen
über leeren geldbeutel klagen
dünn und dürr nur nicht fett
ein model sein wäre sehr nett
gut betucht äußerlich schön
in allen medien zu sehen
zu jedem schwank tanzen
beim dialog sich verschanzen
dankbar für jedes präsent
im drama kein happyend
stets in gedanken verloren
anderen in der nase bohren
auf den pensionsantrag warten
blumen pflegen im garten
im traum stets der gute sein
real verkrämt und allein
sportlich agil muskulös vital
mit herzinfakt im hospital
alles gemacht und besessen
sich um längen vermessen
ein leben lang zügellos leben
zum abschied die hände geben
die eigene biographie schreiben
um ewig in erinnerung zu bleiben
unendliche traurigkeit besiegen
als asche am meeresboden liegen

In Worten so weit weg

Sobald die Dämmerung sich verdichtet, der Tag sich lautlos schleicht und der Wind zwischen den Bäumen rauscht, schau ich zum Himmel. Ich schau zum Himmel und beobachte die Sterne. Ich beobachte sie, einfach nur so. Ein Blick nach oben und genau dieser Blick ist es, der mir zeigt, wie endlos weit das Universum und wie klein wohl unsere Erde ist.

Wie klein sind wir und was ist ein Jahr, doch dort oben handelt es sich um Lichtjahre. Die Strecke, die das Licht in einem Jahr zurücklegt. Und ich überlege, welche Strecke ich wohl in einem Jahr zurücklege. Entfernungen von hier bis dort, Entfernungen in mir. Wege der Erinnerungen, sind wohl die längsten. Erinnerungen von hellen Plätzen und dunklen Ecken im Leben, die wohl jeder irgendwann besucht hat.

Orte der Trennung und solche wo wir uns wieder begegnen im unendlichen Raum der Zeit. Wer wünscht sich nicht, sich irgendwann irgendwo wieder zu begegnen, wenn das Dasein hier vorüber ist. Wir werden uns wieder sehen, dort wo der Schatten seine Macht verliert. Dort wo unsere gestrandeten Träume sind und nicht vom Winde verweht. Wir werden uns wieder begegnen im Licht, vielleicht bald. Wer weiß, wie es hier auf unserer Erde weitergeht.

In welches schwarze Loch wir noch fallen? Raum und Zeit werden uns verdichten und unsere Zeit auf der Erde geht unaufhaltsam weiter. Auf dieser Erde? Wer weiß das schon?

Unmögliches kann Möglich werden, Unvorstellbares zur Realität. Vieles von dem wir meinen, es nicht zu erreichen, ist erreichbar. Auch wenn wir selbst keinen Weg sehen: Vielleicht sehen andere Menschen aus unserer Umgebung einen?

Mitunter haben wir uns so sehr an begrenzende Gedanken gewöhnt, dass wir sie gar nicht mehr wahr-nehmen, auch wenn ihnen heutzutage die Grundlage fehlt. Dann sagen wir, „das kann nicht gehen" oder „das ist unzumutbar", weil es das früher einmal war. Aber ist das heute noch genauso?

Im Weltall, wo sich vieles verbirgt und noch mehr unentdeckt bleibt, hat man kürzlich einen Planeten namens Gliese 581g aufgefunden, der um einen Stern im Sternbild Waage kreist. Auf diesem Planeten könnte es, meinen Astronomen, Wasser geben, also Leben! Was für eine Vorstellung – Leben nicht nur auf unserer Erde. Wie sieht es dort wohl aus?

Gliese 581g ist etwas größer als die Erde, aber hat eine drei- bis viermal so große Masse und daher eine höhere Anziehungskraft. Wenn dort Wesen leben, müssten sie entweder sehr muskulös sein, oder sie bewegen sich sehr langsam, oder sie kriechen wie Schlangen am Boden.

Während Gliese 581g um seine Sonne kreist, wendet er ihr immer dieselbe Seite zu, das heißt, auf einer Hälfte ist es immer Nacht und stets dunkel und kalt. Auf der anderen Seite ist immer Tag, was bedeutet, dass die eine Seite total vereist ist und auf der anderen Seite schwerste Stürme toben.

Außerdem gibt es dort, heißt es seitens der Astronomen, dauernd Vulkanausbrüche und Erdbeben. So richtig bewohnbar sei, sagen die Fachleute, Gliese 581g nur in einem schmalen Streifen zwischen den beiden gegensätzlichen Zonen, einem Ring um den Planeten herum, indem immerwährendes Abendlicht herrscht, wo die Wiesen schwarz sind und die Wälder purpurrot leuchten. Also was leben dort für Menschen, möchten wir unsere Erde verlassen und dort weiterleben? Sind es riesige Schlangen mit großen dämmerungsgewohnten Augen, heller Haut und windzerzausten Haaren, die alle entlang der einzigen Straße wohnen, die den Planeten umkreist und auf der sehr langsame Autoschlangen kriechen.

Wenn wir hier auf unserer Welt oftmals in Angst leben, wie muss es erst auf Gliese 581g schwierig sein. Ständig in Angst zu leben, von der Spur abzukommen und wenn man zu weit links gerät, erfriert man. Oder bei einem Ausrutscher nach rechts wird man von Stürmen und Erdbeben erfasst.

Würden die Bewohner uns besuchen, sie müssten große Sonnenbrillen tragen und wären schockiert, was wir aus unserer Welt gemacht haben. Sie würden sich wundern, wie sich die Erde dreht und dass die Sonne im Osten aufgeht und im Westen sich verliert. Mit Staunen würden sie durchs Jahr gehen, durch die vier Jahreszeiten – etwas Neues für Sie. Doch sie werden uns nicht besuchen, denn Gliese 581g ist 20 Lichtjahre entfernt, oder waren Sie schon einmal hier bei uns?

Es würde Generationen dauern, um mit einem Raumschiff dorthin zu gelangen. Doch was zunächst wie eine unüberwindliche Distanz erscheint, ist aus wissenschaftlicher Sicht oft „nebenan" und für uns grenzenlos. So blicken wir nachts zum Himmel, vielleicht dorthin, wo man in tausenden oder abertausenden Jahren seinen Urlaub verbringt oder wo man hingeht, wenn man sich von dieser Erde trennt. In das Licht! In ein Sonnenlicht, das dreimal schwächer ist als das unserer Sonne!

Was mag dies wohl für ein Ort sein, der auf der einen Seite höllisch heiß ist und auf der anderen Seite des Planeten der ewige Frost herrscht. An der Tag-Nacht-Grenze allerdings gibt es durchaus gemäßigte Temperaturen.

Lebt da draußen jemand?

Sobald die Dämmerung sich verdichtet, der Tag sich lautlos schleicht und der Wind zwischen den Bäumen rauscht, schau ich zum Himmel und suche nach einer Antwort.

wortgewandt

Worte, die wie Funken sprühen
in der Nacht zum neuen Tag.
Sprachgewaltig sie verglühen,
weil sie sonst keiner sagen mag.

Und das alles, alles nur für mich,
in der Nacht zum neuen Tag.
Sprich sie aus, ich bitte dich,
weil sie sonst keiner sagen mag.

Worte, die wie Funken sprühen
in der Nacht zum neuen Tag.
Schlagfertig treffen sie mich an,
weil sie sonst keiner hören kann.

Und das alles, alles nur für mich,
in der Nacht zum neuen Tag.
Ich muss dich hören, glaube mir,
die Nacht zum Tag gehört nur dir.

Worte, die wie Funken sprühen,
in der Nacht zum neuen Tag.
Und das alles, alles auch für dich,
für mich, für dich und wieder mich.

Herbstwortlose

Buntes Laub fällt von den Bäumen, die Sonne schenkt mir noch einmal ihre wärmenden Strahlen und ich denke mir leise: Es wird Herbst, Franz. Das Jahr neigt sich langsam dem Ende zu. Wie ich meine, wird es draußen Herbst und auch in mir. Irgendwie komme ich auch nicht daran vorbei, fühle mich mittendrin. Wird der Nebel seinen Schleier um mich werfen oder darf ich mich noch an den goldenen Blättern erfreuen?

Mein Frühling ging zu schnell vorbei, mit Wehmut denke ich an die frühen Tage. Vieles war mir nicht bewusst, ich wollte, dass es viel schneller Sommer werde. Doch mein Frühling blühte in mir auf, ich spürte die Kraft der Blüten. Empfand den lauen Frühlingsduft, stand mitten in der Blumenweise und verlangte mehr. Nun war er da, ganz heiß, hat mich manchmal geblendet. Mein Sommer wollte kein Ende nehmen, er hat mich erhitzt und angefeuert. Die Glut brannte in mir, die Gedanken waren heiß. Ich fühlte mich nicht mehr alleine, meine Empfindungen waren edel, ganz fein und voller Liebe. Doch plötzlich werden meine Tage merklich kürzer. Mit jeder Stunde fallen Blätter von den Bäumen.

Es ist Herbst, Franz – mit jedem Blick fällt ein Jahr von mir ab. Ein goldener Herbst, Franz. Schwerelos genieße ich jeden Platz, begegne ständig neuen Menschen und mir selbst im Inneren. Mein Nächster ist in mir. Der Herbst steht mir gut, er bringt mein Korn zum reifen. Mir wird klar, dass nichts von Dauer ist. Nichts bleibt, wie es ist. Es kann nicht immer blühen und heiße Sommernächte geben. Manch Herz wird nun gebrochen, das ist der Herbst. Ein Warten auf den Winter, auf eine kühle Zeit des Schlafens.

Doch noch erfreu ich mich der bunten Wälder, der Trauben aus der Rebenlaube. Geh über gelbe Stoppelfelder und ein Apfelregen rauscht von Baum zu Baum. Mein ahnendes Herz genießt den Pulsschlag der Natur. Es ist Herbst, Franz – nur einmal nur.

Das Wort danach

Machtlos
stehe ich
nun da
das Wort danach
wenn noch so kurz
das Falsche war.

Der Blick
verrät mir
deine Frage
bin bei dir
mit jedem Wort
das ich nun sage.

Der Gefühle
Feuerwerk bricht aus
wenn noch so schwer
du musst verstehen
ein ganzer Satz
entsteht daraus.

Sag mir nur
ein richtig' Wort
soll es das Letzte sein
bedenke wenn
du gehst
es könnt für immer sein.

Falsche Wortwahl

Ich stehe mitten irgendwo, vielleicht mitten am Ende der Welt und noch dazu alleine und warte. Aber worauf warte ich? Vielleicht warte ich auf die Sonne oder den Regen? Vielleicht warte ich auch nur, dass die Zeit vergeht. Ich weiß es nicht. Nein, das ist die falsche Wortwahl. Ich weiß es sehr wohl. Natürlich warte ich, dass die Zeit vergeht. Natürlich warte ich nicht auf die Sonne, denn diese scheint mir bereits den ganzen Tag auf den Kopf. OK, vielleicht würde ich auf den Regen warten, wenn ich Abkühlung bräuchte. Jedoch ist es mir nicht nach Abkühlung zumute. Ich liebe die Hitze. Nein, das ist die falsche Wortwahl. Ich liebe die Hitze nicht, ich genieße einfach nur die Sommermonate, wenn es im Freien angenehm warm ist. Unter Hitze verstehe ich etwas komplett anderes, nämlich ein unerträglich heißes Klima, indem sich die dicke Luft vor meiner Nase staut und sich kein Wind bewegt. Keine Bewegung, nicht einmal um ein Sandkorn zu verblasen. Also warte ich hier im nirgendwo und lausche der Stille. Diese Wortwahl trifft genau den Kern. Ich lausche der Stille. Während ich so vor mich hin lausche, sehne mich nach dir, denn ich gehöre zu dir.

Ich sehne mich nach deinen Worten, nach deinen Geschichten, die du mir immer erzählst, wenn ich bei dir bin. Aber wann bin ich wieder bei dir? Vielleicht heute Abend, vielleicht Morgen oder Übermorgen. Ich weiß es nicht. Nein, das ist die falsche Wortwahl. Ich weiß es sehr wohl und das ist die Tragödie an dem Ganzen. Während ich hier irgendwo mitten am Ende der Welt warte, hast du das Warten satt. Im Gegensatz zu meiner Zeit, die kaum vergeht, ist deine Zeit viel zu schnell vergangen. Anfangs war es die Sonne, dann der Regen und am Ende war es der Regenbogen, der dich mitgenommen hat. Entschuldige, wenn ich nun traurig bin und weine. Vielleicht weine ich, weil du mir fehlst. Vielleicht weine ich, weil mir deine Geschichten fehlen. Doch du wirst zurückkommen und solange werde ich hier im nirgendwo warten. Vielleicht heute Abend, vielleicht morgen oder übermorgen. Ich weiß es nicht. Ich lausche der Stille und sehne mich nach dir. Doch wenn ich so überlege, möchte ich nicht weiter warten. Nein, es ist die falsche Wortwahl. Ich kann nicht länger warten. Endlich kommt Wind auf und er wird immer stärker. Ich springe auf und fliege. Vorbei an Sonne und Regen, hin zum nächsten Regenbogen, wo du nun bist. Genau dort fliege ich hin. Ich werde dir Gesellschaft leisten und du wirst mir deine Geschichten erzählen. Heute Abend, morgen und übermorgen. Ich sitze gerne an deiner Seite, denn du leistest mir Gesellschaft.

Nein, es ist die falsche Wortwahl. Ich sitze gerne an deiner Seite, denn dort fühle ich mich geborgen. Nur dort gehöre ich hin und das weißt du. Das habe ich anfangs doch gesagt.

Deine Worte

Du sagst: „Die Gedanken haben enorme Macht und der sogenannte innere Dialog prägt die eigenen Gefühle und in Folge somit das eigene Handeln!" Wie meinst du das? Kannst du mir das ein wenig näher erklären? Du sagst: „Höre auf deine Gedanken, denn sie werden zu Worten! Sie werden zu einem Selbstgespräch, das dich ständig beeinflusst und das führt wiederum zur Gewohnheit im Leben!" Warum sollte ich das machen? Ich habe doch meine Gewohnheiten von denen ich mich kaum trennen kann. Soll ich diese deiner Meinung nach ablegen?

„Das schaffe ich!", oder „Dafür bin ich echt zu schwach!" „Der Tag fängt ja schon gut an!" „Es kann nur mehr besser werden!", sicherlich kenne ich diese Aussagen auch von mir! Wieso meinst du?

„Also du denkst wirklich, dass Selbstgespräche Stress abbauen, aber auch eigenen inneren, hausgemachten Stress erzeugen können! So bist du der Ansicht, dass Selbstgespräche zum einen ein Ventil darstellen, um Dampf abzulassen und zum anderen könnten sie Entscheidungen für das Leben erleichtern! Stimmt das so? Aha, darüber habe ich bis heute noch nicht nachgedacht!"

Ja, wahrscheinlich sollte ich einfach abwägen, über was ich mir in Zukunft Gedanken mache und in Ruhe dann mit mir selbst die Sache durchdiskutieren! Gut, ich werde es versuchen und am Ende einen Entschluss, eine Entscheidung zu meinen Gunsten treffen. Passt das so? Ja?

Bestimmt ist es immer besser Dampf abzulassen, als ständig Ärger in sich hineinzufressen, das scheint mir logisch, so wie loslassen. Alles kann man lernen.

OK, ich denke über deinen Ratschlag nach und werde es einfach versuchen. Vielleicht gelingt es mir auch? Versprechen kann ich jedoch nichts. Wie gesagt, ich werde es versuchen!

Wir in Worten

Wir streben nur nach ganz oben, weil unten
unser Herz sich womöglich verirrt.

Wir suchen das Rampenlicht, weil im Dunkeln
man sich leichter verliert.

Wir kaufen alles um jeden Preis
werden trotzdem nicht satt.

Wir fordern und fordern zu viel, sind
dem Verlangen nicht matt.

Wir suchen ständig nach Geltung, wissen nicht
wann dem endlich genug.

Wir wollen mehr als nur Geld, lassen uns
so täuschen von Lug und Betrug.

Wir verlangen nach Liebe und Treue, können
die Worte kaum verstehen.

Wir schließen oft die Augen bei Armut,
um nicht hinzusehen.

Wir verwenden jegliche Mittel, um uns
die Zeit zu vertreiben.

Wir haben Angst vor dem Alter, machen alles
um ewig jung zu bleiben.

Doch ist es soweit und steht unser Ende bevor,
falten wir die Hände, und blicken in Ehrfurcht empor.

Die Macht der Worte

Derzeit möchte ich jede Frage bis zu Ende verfolgen, mich nicht mit oberflächlichen Antworten zufrieden geben. Ich schaffe mir nun wörtlich eine eigene Oase in mir. Egal ob es in Mode ist, denn auch die Mode kommt und geht. Ich bin nicht mehr irgendwo dazwischen. Ich bin mitten drin! Was geht das geht und was nicht geht, geht dadurch nicht daneben!

Ich habe keine Angst vor Warten, habe keine Angst davor, zu spät zu kommen. Mir geht es gut dabei. Ich fühle mich gut in meiner eigenen Oase. Ich denke an die Natur, die Schönheit der Berge und Wälder, sie strahlen ihre Ruhe und Frieden aus. Ich freue mich, wenn die Sonne aufgeht und untergeht, wenn der Mond leise kommt und wieder verschwindet. Genieße blühende Blumen mit ihrem unwiderstehlichen Duft. Will das Wasser des Lebens nicht wie trübes Badewasser durch den Abfluss lassen. Den Ruf der Natur mit seinem Weinen und Lachen versuche ich zu verstehen. Öffne mein Herz, nichts geht an meinem Herzen vorbei.

In meiner kleinen Oase, wo ich als Mensch ein Teil bin, fühle ich mich geborgen. Schöne Momente sind wie ein Traum. Ich schicke sie in die weite Welt hinaus, lasse sie nicht zerbrechen. Mein Traum wird nicht im Winde verwehen, wird nicht vergehen. Er wird in Erfüllung gehen. Es ist mir eine Freude, auf Entdeckungsreise zu gehen, so wie ich meine kleine Oase gefunden habe. Sie macht mir Mut und gibt mir Hoffnung, immer wieder schöne Momente zu finden, sie leben zu können.

Warum das für mich so wichtig ist, war mir lange nicht klar. Jetzt kann ich einfach stehen bleiben und denken. Denken, als wäre gar nichts geschehen rund um mich herum. Alles steht in mir still und horcht. Egal was die anderen machen. Für mich scheinen Momente im Leben, wie eine Ewigkeit. Sie kommen unerwartet und bleiben solange ich will. Zwar nicht jeden Tag, aber immer öfter in meinem Leben. Und ich frage nicht warum.

sprichwörtlich

Ein Sprichwort ist ein kurzer Satz, der sich auf lange Erfahrung gründet.

Miguel de Cervantes Saavedra. Der Autor des Don Quijote gilt als Spaniens Nationaldichter.

Wenig reden, doch wohl bedacht.

Rede mit wenig Worten viel
und richt' mit vielen Worten wenig

Wie ein jeder redet, so ist er.
Wie einer ist, so redet er.

Es gibt viele Worte um Schläge
und viele Schläge um Worte.

Schöne Worte, die erlogen,
haben schon manchen, leider betrogen!

Auf jedes Wort gehört noch keine Antwort.

Ein gutes Wort, findet einen guten Ort.

Moralische Sprichwörter, aus dem Buch „Moralische Sprichwörter der Deutschen, 1822.

Vom Sprichwort wird verlangt, dass es seine Aussage in ein Bild verwandelt. Es ist eine Regel oder Lebensweisheit in einfacher, kurzer Form ausgedrückt. Viele Weisheiten beginnen mit: „Wie das Sprichwort sagt" oder „Jeder kennt das Sprichwort". Die Liste dieser Redewendungen ist sehr lang und umfangreich.

Ein liebes Wort hat oft die Macht
ein Wunder zu vollbringen.
Es bringt aus Leid
und dunkler Nacht
ein Menschenherz zum klingen.

überliefert

Ein Wort der Freundlichkeit und Güte
keimt oft auf, wie eine Blüte.

überliefert

Schöne Worte sind nicht immer wahr,
wahre Worte sind nicht immer schön.

überliefert

Worte können schmerzen,
Blicke und Schweigen noch viel mehr.

überliefert

Die Worte verfliegen,
das Geschriebene jedoch nicht.

überliefert

Wenig Worte und viel Sinn – das ist der Gewinn.

überliefert

Gib nicht zu schnell dein Wort,
so brauchst Du's nicht zu brechen.
Viel besser, ist es mehr zu halten
und weniger zu versprechen.

Friedrich Rückert, Weisheiten des Brahmanen VI

Die bittersten Worte, die Menschen einander sagen,
wirken selten so entzweiend wie die ungesprochenen,
die der eine vom anderen vergeblich erwartet.

Hans Carossa, Geheimnisse des reifen Lebens

Harmlos flog manch Wörtlein aus,
böse ist es angekommen.
Sagst du etwas grad heraus,
wird es häufig krumm genommen.

Otto Jaegerl, Schriften

Worte werden gelesen,
Worte werden gehört.
Worte wirken am Wesen,
weil Geist Seele beschwört.

Wilhelm Schäfer, Sprüche

Die Wunde, die das Wort schlug,
kann die Tat heilen, nie umgekehrt.

Goethe, die natürliche Tochter III

Wortfetzen

Kritzeleien auf Papierfetzen? Notizen einer Handlung oder einer Begebenheit, an die ich mich kurz und flüchtig erinnere? Was sind Wortfetzen? Wobei jede meiner Begegnungen mit einer Handlung beginnt. Ebenso kann es sein, dass ich durch die Zeitung blättere und lediglich Wortfetzen aufschnappe. Bruchstückhafte Wortfetzen, mit denen ich im ersten Moment überhaupt nichts anzufangen weiß. Gehe ich noch so ahnungslos durch die Straße, treffe ich Leute, die dahinreden. Ob mit jemand anderen oder mit sich alleine. Das eine Wort oder den anderen Wortfetzen verstehe ich noch, mehr nicht. Oftmals ist auch nur ein Gestammel, eine verquollen gequälte Aussage, die noch lange in meinem Kopf surrt, wenn die Personen längst an mir vorüber sind. Abgesehen von den Wortfetzen in Mails und SMS, auf Blogs und im Chat im Internet. Es ist so, dass einem all das Ausgedachte, Aufgeregte, Unverstandene und vorangetrieben Revolutionierende wie ein Hinweisschild auf dem Holzweg begleitet.

Ein Wortgefecht von hellen Geistesblitzen
markiert den Zeilenpfad durch meine Räume.
Wortfetzen bis zum Schatten eines Horizonts,
verfolgen mich wie Lesezeichen in die Träume.

Bin ich dann wach, bleiben viele Fragen offen,
der Buchstabensalat in meinem Kopf verwirrt.
Der hohle Klang im Morgenlicht lässt hoffen,
dass mich der Wortballast nicht all zu irritiert.

Konfrontiert mit einem verbenleeren Wortaufschrei,
vergehen meine Stunden wortvoll, inhaltsschwach.
Die Zeit, wie eine Hand voll Staub im Wind vorbei,
hängt meinem Gedankenwurf ohne Einspruch nach.

Rache, ich verstehe es einfach nur als Rache für die Schikanen aus dem Deutschunterricht. Für die vielen Aufsätze, Diktate und Schularbeiten all die Jahre. Die Bezeichnungen aus dem Internet helfen ebenso über viele Schreibschwächen hinweg und sind eine gehuldigte Schlamperei. Es ist plötzlich lustig „englisch" zu schreiben und man spricht wie einem zu Mute ist. Alles wird einfach frei von der Seele weg in das Handy, Smartphone oder in den Computer gefetzt. Ob Deutsch, Englisch oder in Symbolen ist egal, man versteht es sowieso. Nur keinen Brief oder eine Postkarte schreiben, denn wer macht den so etwas noch *fg*? Es wird wenig gesprochen und wenig geschrieben, doch was nicht ausgesprochen werden will, wird dann immerhin geschrieben:

„J4F" `-)	fang mal an.	(zuzwinkern)
„MIYU"	genau, gemeint bist du!	
:-)) „GIE" „HDL"–	wenn ich schon länger nicht mehr schrieb	
„LIDUMINO"	so frag' ich halt mal nach	
„MUMIDIRE"	es ist mir ernst, mal eben	
„RUMIAN"	mir liegt etwas daran	
„GNGN"	auch wenn du meinst mein Herz bricht.	
„LZS"	will mir die Zeit vertreiben.	
„DDDR"	was wir letztens taten	
„FG" :-P	hast Lust Sex zu machen?	(Zunge raus)
„FIB"	du auch?	
„WASA"	sonst bin nicht dann fort	
Kommt zurück: enttäuschter Blick <-(		
„KLM" „KV" :->	das hat jetzt gesessen. (zynisch)	
„ZL" (:&	dann bleibst halt alleine.	(wütend)
Kommt zurück: erstaunter Blick :-0		
„DG" „SFH"	such dir eine andre Beute	

just for fun, miss you, ganz im Ernst, hab dich lieb, liebst du mich noch, muss mit dir reden, ruf mich an, geht nicht gibt's nicht, Lust zum Schreiben, dreimal darfst du raten, frech lachen, Flugzeuge im Bauch, warte auf schnelle Antwort, keine Lust mehr, kannst vergessen, dumm gelaufen, Schluss für heute.

wortwörtlich

Wie sehen Worte aus, damit sie einen Sinn ergeben?
Kann ein Wort auf einen Sinn verzichten?
Was ist wenn man „wortwörtlich" gesagt, das Wort mal hinterfragt?

Nicht nur das Schreiben von Wörtern, sondern auch das Lesen von Wörtern ist eine eigene Wissenschaft. Es hängt von der jeweiligen Stimmung ab und ist das Wort ergreifend oder belebend, fühlen wir es auch so. Die begriffliche Bezeichnung und der jeweilige Zustand in dem uns das Wort trifft, machen es aus, ebenso wie der jeweilige Augenblick.

Himmel, Erde und dazwischen

Wenn in den Himmel die Guten und in die Hölle die Bösen kommen, was wird aus denen, die nicht gut waren und auch nicht böse? Ich meine doch, dass es einen Himmel und eine Hölle gibt, so wie es wortwörtlich geschrieben steht. Es gibt unendlich lange Tage und noch endlosere Nächte, in denen sich meine Gedanken auf Wanderschaft begeben und ich sie wieder mühsam einsammeln muss. Sie hauen sang- und klanglos ab, ohne mich zu fragen. Was immer sie sich dabei denken, es steckt ein Sinn dahinter. Sinn finden heißt für mich auch meine Gedanken suchen. Ich muss mich auf die Suche machen. Es ist etwas Fragendes dabei, auch etwas Hoffnungsvolles. Denn ich kann ja nicht etwas finden, dass sich nicht finden lässt, wortwörtlich versteckt hält. Man sagt sich ja, wer sucht der findet.

In diesem Gefühl steckt auch etwas Anspruchsvolles darin, denn Sinn finden heißt, dass es auch nicht augenscheinlich da liegt, sondern dass man sich auf die Suche machen muss. Das rechtfertigt meine Suche und beruhigt mich. Wenn ich heute einen Brief in eine Flasche stecke und diese in das Meer werfe, in der Hoffnung du findest sie, bin ich wortwörtlich mehr als zuversichtlich. Nicht weil ich hoffe du erfährst dann, dass ich dich endlos liebe und ein einfallsreicher Mensch bin. Nicht weil ich hoffe, dass du am Ende des Meeres auf die Flaschenpost von mir wartest. Es hat einen ganz anderen Grund. Ein jeder kann die Flasche finden, öffnen und erfahren, dass ich dich liebe. Vielleicht erkennen die Menschen, dass die Botschaft in der Flasche nicht für sie ist, sondern für dich und werfen die Flasche zurück in die Wellen des Meeres. Dann begibt sie sich, so wie meine Gedanken es machen, weiter auf die Reise zu dir. Auf die weite Reise zwischen Himmel und Erde, dort wo die guten und die bösen Menschen leben.

Solltest du die Flasche nicht finden und habe ich das Glück, dass ein guter Mensch sie findet und dir diese Botschaft übergibt, so danke ich dem Himmel dafür. Im schlimmsten Fall jedoch kann es passieren, dass du die Flasche nicht findest und sie im Meer untergeht. Natürlich kann es auch sein, dass sie ein böser Mensch findet und aus Zorn meine Nachricht an dich vernichtet. Ob dieser böse Mensch dann deshalb oder wegen anderer schlimmer Dinge in die Hölle kommt, kann ich wohl nicht sagen.

Wenn ich jetzt so nachdenke, bin ich doch nicht mehr ganz so zuversichtlich, dass du die Flasche mit meiner Botschaft findest. Ich weiß auch nicht, ob es mehr böse Menschen als gute Menschen gibt, oder umgekehrt.

Eines weiß ich jedoch bestimmt, egal ob meine Gedanken auf Wanderschaft sind oder nicht. Ich weiß, dass ich dich über alles liebe.

Worte zum Autor

Franz Preitler ist Autor mit bisher sieben veröffentlichten Büchern sowie zwei Anthologien und damit verbunden Lesungen im In- und Ausland. Zu seinen Werken zählen Gedichte, Balladen, Kurzgeschichten, Betrachtungen sowie steirische Mundarttexte. Beteiligung an zahlreichen Anthologien und Literaturwettbewerben österreichischer und deutscher Verlagsgruppen. Förderung von Autoren und Künstlern, Eventorganisation sowie Mitgestaltung von Benefizveranstaltungen.

Erste Kunstausstellung zum Kulturjahr 2003 in Graz, später laufende Projekte wie „Kunst im Ort", „Kunst im Shop" und „Kunst in der Bank". Übertragungen auf Steiermark 1 und auf Radio Helsinki sowie Organisator des Literaturtages in Mürzzuschlag. Der Autor interessiert sich für die regionale Geschichte, sein letztes Buchprojekt war die Biographie des österreichischen Skipioniers und Freundes von Peter Rosegger, Toni Schruf. 2009 von der Steirischen Verlagsgesellschaft verlegt. In diesem Zusammenhang regionalhistorische Ausstellungen, Vorträge und Lesungen. Über seine Internetseite www.mein-rosegger.at beteiligten sich über 80 internationale Autoren mit Texteinsendungen zur Anthologie „Meine Lust ist Leben", welches im Verlag Staackmann KG, München publiziert wurde.

Franz Preitler ist Mitglied der IG Autorinnen, Autoren Österreich und der Interessengemeinschaft deutschsprachiger Autoren e.V. (IGdA).

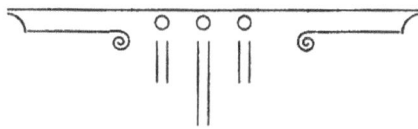

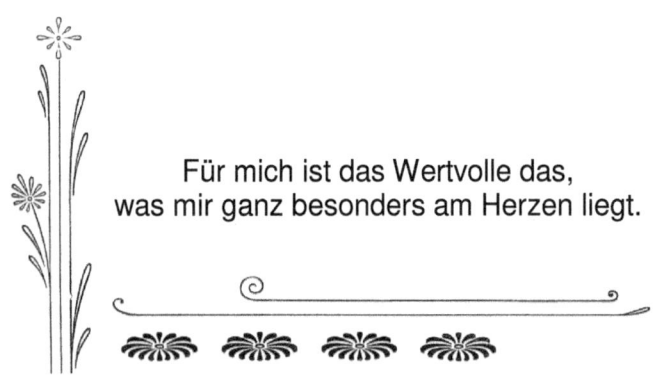

Für mich ist das Wertvolle das,
was mir ganz besonders am Herzen liegt.

Zeitfracht Medien GmbH
Ferdinand-Jühlke-Straße 7
99095 Erfurt, Deutschland
produktsicherheit@kolibri360.de